Le bébé chien

Pour Léna, la petite chérie de maman Léti
et de toute sa famille, chien compris !
M.

À mes parents.
C. B.

www.flammarion-jeunesse.fr

Éditions Flammarion – 82, rue Saint-Lazare – CS 10124 – 75009 Paris
ISBN : 9782080420060 – N° d'édition : L.01EJEN002175.N001 / 560881-0
Dépôt légal : août 2023
Imprimé en Espagne par Liberdúplex – juin 2023
Loi n° 49-956 du 16 juillet 1949 sur les publications destinées à la jeunesse

Le bébé chien

Texte de
Magdalena

Illustrations de
Chiara Baglioni

CASTOR POCHE

Je découvre l'histoire

1 **Découvre** les autres personnages.

la maman de Zélie

le papa de Roméo

la maman de Roméo

la voisine

2 **Observe** la couverture du livre.
Que vois-tu ? **Cherche** et **lis** le titre.
À ton avis, de quoi va parler
cette histoire ?

3 **Trouve** les 5 différences entre
ces deux couvertures du livre.

Réponse : 3) les lunettes de Zélie, l'éclair sur son pull, les yeux du chien, le titre, l'escargot dans l'herbe.

Je joue pour bien lire

4 **Lis** ces syllabes à voix haute.

poi soi ouf choi

nou voi moi rou

lou oib dou tou

Choisis la bonne syllabe pour compléter les mots.

une ...ture

un kangou...

un ...sson

Réponse : 4) voiture, kangourou, poisson.

5 **Lis** ces mots à voix haute. **Trouve** l'intrus dans chaque ligne.

a. bébé | bédé | bébé | bébé

b. chien | chien | chien | chine

c. aime | amie | amie | amie

6 **Lis** ces mots outils. **Entraîne-toi** à les écrire sur un cahier.

moi | il | vous | aussi | nous | pour

7 **Lis** des mots de l'histoire.

dehors | regarde | maintenant

demande | pourquoi

Réponse : 5) a-bédé, b-chine, c-aime.

Roméo et Zélie sont dehors.
Ils jouent avec un chien.

« Regarde, il fait comme moi ! »
dit Zélie.

Zélie marche,
le chien marche aussi.

Roméo s'assoit,
le chien s'assoit aussi.

« Il fait comme nous ! dit Roméo.
– Alors, c'est notre chien
maintenant », dit Zélie.

« Il est à qui, ce chien ?
demande le papa de Roméo.
– À nous ! répond Zélie.
– Ce n'est pas le chien
de la voisine ? »
dit la maman de Zélie.

« Notre ami chien s’en va ! dit Zélie.
– Te voilà ! » dit la voisine.

« Il est à vous ? demande Roméo.
– Oui, répond la voisine.
– On l'aime bien ! dit Zélie.
– Elle vous aime bien aussi ! »
dit la voisine.

« Elle va avoir des bébés,
dit la voisine.
– Il y en aura un pour moi ?
demande Roméo.
– Pourquoi pas ! répond la voisine.
– On verra ! » dit le papa de Roméo.

Quand les bébés sont là,
Roméo et Zélie vont les voir.

« Ils sont tout petits ! dit Roméo.
– Ils sont pour qui ? » dit Zélie.

zZZ

« Ce bébé chien sera pour moi »,
dit Roméo.

Maman dit oui et papa aussi.

« Il a un nom ? demande Zélie.
– C'est Bouba ! dit Roméo.
– Et ce sera l'ami de mon chat ! »
dit Zélie.

Je joue pour bien comprendre

1 **Remets** les images **dans l'ordre** de l'histoire.

a.

b.

c.

d.

Réponse : c, a, d, b

2 **Réponds** par vrai ou faux.

a. Roméo et Zélie sont dans le jardin.

b. Ils jouent avec un bébé chien.

c. C'est le chien du voisin.

d. Zélie a un chat.

3 **Mets** les mots **dans l'ordre** pour reformer la phrase de la page 8. Tu peux l'**écrire** sur un cahier.

avec	chien.	Ils	un	jouent

Réponses : 2) a-vrai, b-faux (bébé chien = chien), c-faux (du voisin = de la voisine), d-vrai.

Retrouve les histoires de Zélie et Roméo
dans les autres titres de la série **Super copains !**

La rentrée en CP

Le bébé chien

Un vélo
pour deux

L'école
des fourmis

Découvre la collection **Je suis en CP** pour continuer ton apprentissage de la lecture.

NIVEAU 1
Je commence à lire

C'est la rentrée !

Dispute à la récré

Le nouveau

C'est l'automne !

Alerte aux poux !

La fête à la cantine

Journée à la ferme

Un chien à l'école

Il neige !

Noël à l'école !

Jaloux !

La galette des reines